CATALOGUE

D'UNE COLLECTION

DE

TABLEAUX

ANCIENS

DES

ÉCOLES FLAMANDE ET HOLLANDAISE

DONT LA VENTE AUX ENCHÈRES PUBLIQUES AURA LIEU

HOTEL DROUOT

SALLE N° 2

Le Mardi 21 Mai 1867, à 2 heures.

Par le ministère de Me **ESCRIBE,** Commissaire-Priseur,
rue Saint-Honoré, 217,

Assisté de M. **DHIOS,** Expert, rue Le Peletier, 33.

Chez lesquels se distribue le présent Catalogue.

EXPOSITION PUBLIQUE

Le Lundi 20 Mai 1867, de une heure à cinq

PARIS

RENOU & MAULDE

Imprimeurs de la Compagnie des Commissaires-Priseurs

RUE DE RIVOLI, 144

1867

CATALOGUE

D'UNE COLLECTION

DE

TABLEAUX

ANCIENS

DES

ÉCOLES FLAMANDE ET HOLLANDAISE

DONT LA VENTE AUX ENCHÈRES PUBLIQUES AURA LIEU

HOTEL DROUOT

SALLE N° 2

Le Mardi 21 Mai 1867, à 2 heures.

Par le ministère de M⁰ **ESCRIBE**, Commissaire-Priseur,
rue Saint-Honoré, 217,

Assisté de M. **DHIOS**, Expert, rue Le Peletier, 33.

Chez lesquels se distribue le présent Catalogue.

EXPOSITION PUBLIQUE

Le Lundi 20 Mai 1867, de une heure à cinq heures.

PARIS

RENOU & MAULDE

Imprimeurs de la Compagnie des Commissaires-Priseurs

RUE DE RIVOLI, 144

1867

CONDITIONS DE LA VENTE

Elle sera faite au comptant.

Les Acquéreurs paieront CINQ POUR CENT en sus du prix d'adjudication.

L'Exposition mettant les Acquéreurs à même de se rendre compte de l'état des Tableaux, il ne sera reçu aucune réclamation une fois l'adjudication prononcée.

DÉSIGNATION

DES

TABLEAUX

ALBANE (Genre de l')

1 — La Toilette de Vénus.

— Vénus et Adonis. Deux pendants.

ARTOIS (Genre de VAN)

2 — Paysage orné de figures.

A. R. (Sïgné)

3 — Petit Paysage avec villageois conduisant un âne.

ASCH (VAN)

4 — Une Vue de Bruxelles.

BAROCHE (Ecole de)

5 — Repos de la sainte Famille.

BASSAN (École des)

6 — Adoration des Bergers.

BECKE

7 — Fleurs et Insectes.

BESCHEY (Manière de)

8 — Jésus et le petit saint Jean.

BOTH (Genre de)

9 — Paysage accidenté.

BRAMER (LÉONARD)

10 — Palais en ruines, avec personnages bibliques.

BREEKELINCAMP (Genre de)

11 — La Ménagère.

BREUGHEL LE VIEUX (Attribué à)

12 — Triomphe de Bacchus.

BREUGHEL (École des)

13 — Paysages ornés de figures (Deux pendants.)

BRILL (École de)

14 — Paysage; Daphné changée en laurier.

15 — Paysage; le bon Samaritain.

CAMPHUYSEN

16 — Le Repos des Bergers.

CARPIONI

17 — Jeux d'Enfants; allégorie sur les beaux-arts.

CARRACHE (École de)

18 — Le Christ mort.

COYPEL (École des)

19 — Nymphe et Amour.

CRIVELLI

20 — Canards surpris par un chat.

— Coqs et Poules surpris par un renard. (Deux pendants.)

CUCHINI (Signé GUILIO)

21 — Intérieur de forêt dans le duché de Luxembourg.

D. R. (Signé du monogramme)

22 — Marine hollandaise.

DEHAAN, 1769 (Signé H.)

23 — Paysages ornés de figures; deux pendants.

DOMICENT (Signé)

24 — Les Bergers.

DYCK (École de VAN)

25 — Vénus et l'Amour.

DYCK (Manière de VAN)

26 — L'Enfant Jésus endormi et entouré d'anges.

GELDORP (École de VAN)

27 — Le Jugement dernier.

GÉRARD DELLA NOTTE

28 — Vieille Femme et jeune Garçon; effet de lumière.

GORP (VAN)

29 — Sortie du confessionnal.

HAMAAR (P.-G.)

30 — Fumeur; effet de lumière.

HEEM (C. DE)

31 — Nature morte.

JORDAENS (Attribué à)

32 — La Vierge et l'Enfant Jésus.

JOUVENET (Attribué à)

33 — Le roi Médias.

LAANEN (VAN DER)

34 — Personnages de distinction attablés à la porte
d'un palais.

LAURI (FILIPPO)

35 — Nymphe et Satyre dans un paysage.

MICHEL-ANGE DES FRUITS

36 — Fleurs et Fruits.

MOMPER

37 — Petit Paysage avec moulins.

MOUCHERON

38 — Paysage avec pont rustique.

NOTER (J.-B. de), signé

39 — Vue d'une ville de Hollande.

OSTADE (École d'Isaac)

40 — Intérieur de tabagie.

REMBBANDT (Genre de)

41 — Élévation en croix.

42 — Assuérus chassant Aman.

RICCI (L.)

43 — Soldats au milieu d'un palais en ruines.

RUBENS (Attribué à)

44 — Intérieur d'étable; composition gravée.

45 — Destruction des murs de Jéricho.

ROOS (H.)

46 — Paysage et Animaux.

SALVATOR (École de)

47 — Paysage; guerriers au bord d'un torrent.

STEEN (Manière de)

48 — Le Galant buveur.

TPNIERS père École de

49 — Le Chirurgien de village.

50 — Bergers gardant des moutons.

THÉOLON

51 — Tête de vieille Femme.

TORREGIANI

52 — Paysage avec figures au bord d'une rivière.

VERDIER

53 — Sainte Philomène offrant des fleurs à l'Enfant Jésus.

ÉCOLE ITALIENNE

54 — Vases de fleurs. Deux pendants.

ÉCOLE ALLEMANDE

55 — Repos de la sainte Famille.

ÉCOLE FLAMANDE

56 — La Tonte des moutons.

57 — Villageois attablés.

58 — Chaumière rustique.

59 — Fumeur et Femme endormie. Deux pendants.

ÉCOLE FLAMANDE

60 — Danse de Villageois.

61 — Un Philosophe, vu à mi-corps.

ÉCOLE HOLLANDAISE

62 — Gibier mort.

ÉCOLE FRANÇAISE

63 — Étude de cheval.

64 — Un Cheval au milieu d'un paysage.

65 — La Peinture; allégorie.

66 — Petit Enfant couché jouant avec des cartes;
École française du xviiie siècle.

67 — Portrait d'Homme, époque Louis XVI.

ÉCOLE MODERNE

68 — Cheval blanc et deux Moutons au pâturage.

69 — Bergers conduisant des bestiaux. Deux pendants.

70 — Vache et Mouton au repos.

Renou et Maulde, imprimeurs de la Compagnie des Commissaires-Priseurs,
rue de Rivoli, 144.			4208